Andrea Pabel

Das Pony in Omas Garten

Illustriert von Eckart Schädrich

SCHNEIDER BUCH

CIP-Titelaufnahme der Deutschen Bibliothek

Pabel, Andrea:
Das Pony in Omas Garten / Andrea Pabel. – München :
F. Schneider, 1990
ISBN 3-505-04328-1

Frankfurter Ring 150 · 8000 München 40

Titelbild und Illustrationen: Eckart Schädrich
Umschlagkonzeption: Heinz Kraxenberger
Lektorat: René Rilz
Herstellung: Gabi Lamprecht
Satz: TypoBach, München
Druck: Staudigl-Druck, Donauwörth
ISBN: 3-505-04328-1

Kati fährt zur Oma

Kati hätte so gern eine Katze. Aber man darf in der Stadtwohnung keine Tiere halten. Nicht einmal einen klitzekleinen Hamster.
Dabei mag Kati alle Tiere so gern.
In ihrem Zimmer hat sie Bilder von ihren Lieblingstieren aufgehängt: von Katzen und Hunden, von einem Tiger und einem Elefanten.

Kati sieht ja ein, daß man in einer Stadtwohnung keinen Elefanten halten kann. Aber eine Katze oder einen kleinen Hund möchte Kati so gern haben.

Wenigstens darf Kati in den Ferien ihre Oma und den Dackel Fips besuchen. Darauf freut sie sich jedesmal riesig. Und die Oma freut sich auch. Vor lauter Freude bäckt sie jedesmal einen Pflaumenkuchen, denn davon kann Kati nie genug bekommen.

„Morgen bringen wir dich zur Oma", sagt Katis Papa eines Abends.

Kati hüpft im Zimmer auf und ab und ruft: „Zur Oma, hurra! Wie lange darf ich bei ihr bleiben?"

„Eine ganze Woche lang", sagt Mama.
Kati fängt gleich an zu packen.
„Das kannst du nicht alles mitnehmen", sagt Papa kopfschüttelnd, als er sieht, was Kati alles eingepackt hat:

2 4328-8

fünf Paar Schuhe und die Taucherbrille, seinen Sonntagshut, einen Stapel Malbücher, vier Teddybären, ihr Kopfkissen und den elektrischen Mixer.

„Doch, das brauche ich alles", sagt Kati. „Bei der Oma kriege ich immer nasse Füße, also brauche ich viele Schuhe. Mit der Taucherbrille gucke ich in den Teich. Die Malbücher brauche ich, wenn es regnet. Und die Teddybären lasse ich nie allein zu Hause."

„Und wieso willst du meinen Sonntagshut mitnehmen?" fragt Papa. „Damit verkleide ich mich. Oma rät dann immer, wer ich bin. Dann verkleidet sie sich, und ich darf raten."
Kati schaut auf ihr Kopfkissen. „Vielleicht könnte ich das hierlassen", meint sie. „Aber der Mixer muß mit. Oma hat nur einen Schneebesen. Damit dauert das Sahneschlagen viel zu lange."

Kati kann es gar nicht erwarten, bei der Oma anzukommen. Schon sieht sie den weißgestrichenen Gartenzaun. Fips bellt wie wild, als sie aus dem Auto steigt. „Fips, mein lieber kleiner Fips!" ruft Kati und kniet sich auf den Boden.

Fips springt freudig an ihr hoch und leckt ihr die Hände. Da kommt auch schon die Oma aus dem Haus. Sie hat ihre blaue Schürze umgebunden.

Daran erkennt Kati gleich, daß sie gebacken hat.

Omas graue Haare sind kurz, und sie trägt eine runde Brille. Kati rennt auf sie zu und umarmt sie fest.

„Da seid ihr ja!" ruft Oma erfreut.

„Wir können leider gar nicht bleiben",

sagen Katis Eltern. „Wir müssen gleich wieder los, weil wir zu einem Konzert eingeladen sind."

„Das macht nichts", sagt Oma. „Da bleibt für uns beide um so mehr Pflaumenkuchen. Nicht wahr, Kati?"

Kati lacht und bringt ihre Tasche ins Haus. „Es riecht ja schon so gut", sagt sie und schnuppert. „Ich habe extra nur ganz wenig zu Mittag gegessen. Der Mama habe ich erzählt, ich hätte keinen Hunger."

„Aber Kati", sagt Oma und versucht streng auszusehen. „Du weißt doch, daß du nicht lügen sollst."

„Es war eine Notlüge", entschuldigt sich Kati. „Für deinen Pflaumenkuchen mache ich beinahe alles."

Oma lächelt, und die beiden gehen in die Küche. „Nun müßte er schon fertig sein", sagt Oma und öffnet den Backofen.

Es duftet herrlich, als sie den Kuchen herausnimmt. „Er muß erst

auskühlen", sagt Oma und stellt ihn auf den Küchentisch. „Inzwischen machen wir einen Rundgang, und du kannst alle Tiere begrüßen."
„Zuerst möchte ich zu den Gänsen!" ruft Kati und sucht ihre Taucherbrille hervor.
„Schwimmen kannst du aber nicht", sagt Oma. „Dazu ist es heute zu kalt."
„Ich weiß", sagt Kati. „Ich will nur den Kopf ein bißchen vom Ufer aus ins Wasser halten, damit ich die Goldfische sehen kann. Darf ich?"
„Wenn es unbedingt sein muß", antwortet Oma und nimmt vorsorglich ein Handtuch mit.
In Omas Garten liegt weit hinten ein kleiner Teich. Dort leben vier Gänse.

Sie schnattern aufgeregt, als sie Kati
und die Oma kommen sehen.
„Hallo, Jockelchen und Jackelchen,
Tine und Trine!" ruft Kati und winkt
mit der Taucherbrille.
Die Gänse kommen zum Ufer

geschwommen und watscheln um die beiden herum. Nun setzt Kati die Taucherbrille auf und legt sich platt auf den Boden. Sie steckt das Gesicht nur gerade so weit ins Wasser, daß sie durch die Brille schauen kann.

3 4328-8

„Ich sehe nur graues Wasser", sagt sie enttäuscht. „Halt! Da war etwas! Ich glaube, ein Gänsefuß. Ich möchte aber einen Goldfisch sehen!"
„Vielleicht scheint morgen die Sonne", sagt Oma. „Dann kannst du richtig schwimmen und die Goldfische sehen."
„Sicher sind sie alle gestorben", sagt Kati traurig.
„Bestimmt nicht. Ich habe sie erst heute morgen gefüttert. Schau, dort kommen Minna und Minka!"

Die beiden Katzen kommen maunzend auf sie zugelaufen. Minka ist schwarz mit einem weißen Latz auf der Brust. Minna ist grau und getigert. Kati streicht ihnen über das weiche Fell. Das mögen Minka und Minna gerne, und sie beginnen zu schnurren.

Fressen Ponys Pflaumenkuchen?

Oma und Kati gehen nun zum Hühnerstall. „Du darfst nachschauen, ob in den Nestern Eier sind", sagt Oma zu Kati.
Das tut Kati besonders gern. Die Hennen gackern und laufen aufgeregt durcheinander. Der Hahn reckt sich, damit er ein bißchen größer aussieht, und kräht.

„Habt ihr fleißig gelegt?" fragt Kati und schaut ins erste Nest. „Es ist leer", stellt sie enttäuscht fest. „Aber hier!" ruft sie gleich darauf. „Oma, hier sind zwei Eier! Und dort noch mal zwei!" Stolz hält Kati der Oma ihren Fund hin.

„Lauf und bring sie in die Küche", sagt Oma. „Schau auch gleich nach, ob der Kuchen schon abgekühlt ist."
Das läßt Kati sich nicht zweimal sagen. Die vier Eier passen kaum in ihre kleinen Hände. Trotzdem läuft sie los, so schnell sie kann.
An der Küchentür läßt sie die Eier beinahe fallen. Nicht, weil sie zu schnell gerannt ist, sondern vor Schreck.

Der Weg in die Küche ist nämlich versperrt. Genauer gesagt: Das pummelige Hinterteil eines Ponys schaut aus der Küchentür.
„Oma!" schreit Kati. „Oma, komm schnell! Ein Pony steht in deiner Küche! Ich glaube, es frißt etwas!"
Plötzlich ahnt Kati Schlimmes.
„Oma, ich glaube, es frißt meinen Pflaumenkuchen!"
„Kati, erzähl keine Märchen!" ruft Oma. „Ich sehe nur noch nach den Hasen, dann komme ich."
„Es ist kein Märchen!" ruft Kati. „Es ist die reine Wahrheit. Wenn du nicht gleich kommst, frißt es sicher auch noch alle deine Blumen zum Nachtisch!"

Nun rafft Oma ihre Schürze und kommt zur Küche gelaufen. „Ja, du heiliger Bimbam! Ein echtes Pony!" ruft sie.
„Sag ihm doch, es soll weggehen." Kati ist ganz aufgeregt.
Oma überlegt kurz. „Von hinten darf man an Ponys nicht herangehen", sagt sie. „Sie können sich erschrecken. Und wenn sie sich erschrecken, schlagen sie mit ihren Hufen aus. Das ist gefährlich."
„Tu doch etwas", jammert Kati. „Es frißt bestimmt alles auf, wenn du noch lange wartest!"
„Ich habe eine Idee", sagt Oma. „Wir gehen durch die Vordertür in die Küche und schieben es hinaus."

Und schon stehen sie dort. Oma hat die Hände in die Hüften gestemmt. Das tut sie immer, wenn jemand etwas angestellt hat. „Das ist ja eine schöne Bescherung!" ruft sie.
Das Pony steht am Küchentisch und kaut zufrieden. „Es frißt wirklich meinen Pflaumenkuchen!" ruft Kati empört. Sie sieht sich um und greift nach dem Besen. Dann geht sie wild fuchtelnd auf das Pony zu. „Wirst du wohl abhauen, du Räuber! Oma hat den Kuchen für mich gebacken, nicht für dich!"
„Kati, erschrecke es nicht!" ruft Oma. Aber zu spät! Das Pony sieht den wirbelnden Besen und bekommt Angst. Es dreht sich schnell um.

Dabei stößt es an einen Stuhl. Mit
lautem Gepolter fällt er um, und das
Pony erschrickt noch mehr.
Es wiehert schrill und trabt aus der

Küche. Mit dem Schweif fegt es schnell noch einen Blumentopf aus dem Regal.
„Meine schöne Geranie!" ruft Oma.
„Mein guter Pflaumenkuchen!" jammert Kati. Es ist kaum noch etwas übrig. Das Pony hat fast den ganzen Belag aufgefressen.
„Blödes, blödes Pony", schimpft Kati.
„Warum kann es nicht Gras fressen wie andere Pferde auch?"
„Wir gehen lieber und sehen nach, was es im Garten macht", sagt Oma.
„Vielleicht trampelt es gerade durch mein Gemüsebeet und frißt den Salat."

Kati und das Pony schließen Freundschaft

Das Pony steht ganz ruhig in der Wiese. Es sieht Kati und die Oma mit seinen großen, dunklen Augen unschuldig an.

„Was machen wir denn nun mit ihm?" fragt Kati.

„Wir müssen es einfangen", antwortet Oma.
„Wir könnten es doch einfach aus dem Garten hinausscheuchen", sagt Kati.
Oma schüttelt den Kopf. „Dann könnte ihm zu leicht etwas passieren. Du möchtest ja auch nicht, daß es auf die Straße läuft und überfahren wird, nicht wahr!?"
„Nein, das möchte ich nicht", sagt Kati schnell. „Auch wenn es meinen Pflaumenkuchen gefressen hat." Kati

überlegt. „Wie fängt man ein Pony?" fragt sie dann.

„Wir brauchen einen Strick. Zum Glück hat es ein Halfter an", meint Oma.

„Wie wäre es mit der Hundeleine von Fips?"

„Das geht wohl, wenn es ein braves Pony ist", sagt Oma. „Wenn es aber ein wildes Pony ist, zerreißt es die Hundeleine."

„Das ist kein braves Pony", sagt Kati bestimmt. „Ein braves Pony frißt keinen Kuchen."

Da lacht Oma. „Du bist ja auch nicht immer brav", sagt sie. „Als du letztes Mal hier warst, wolltest du nie ins Bett. Bei Frau Schäfer hast du

Klingelmaus gespielt und der Frau König ein altes Hühnerbein an die Türklinke gebunden, nicht wahr?"

„Nun ja", murmelt Kati verlegen, „aber sonst bin ich immer sehr brav. Zumindest fast immer. Ehrenwort."

„Das Pony ist sicher auch fast immer brav", sagt Oma. „Es sieht jedenfalls

nicht sehr wild aus", meint sie und holt die rote Hundeleine.
Langsam gehen Kati und Oma auf das Pony zu. Es hebt den Kopf und sieht ihnen aufmerksam entgegen. Seine großen Augen blicken sanft, und es bläht neugierig die Nüstern. „Hoffentlich läuft es nicht weg", flüstert

Kati. „Es hat Augen wie eine verzauberte Prinzessin. Oma, vielleicht mag es deswegen so gerne Pflaumenkuchen."

„Pst", sagt Oma und legt den Finger über die Lippen.

Das Pony läßt sie ganz dicht an sich herankommen. Aber als Oma nach ihm greifen will, dreht es blitzschnell den Kopf weg.

Es trottet ein paar Schritte in Richtung der Erdbeerbeete und bleibt stehen. Dann sieht es sich um, und seine Augen blitzen schelmisch.

„Das Pony benimmt sich nicht gerade wie eine Prinzessin", sagt Oma. Sie drückt Kati die Hundeleine in die Hand. „Du spielst doch gerne Fangen",

meint sie. „Ich gehe inzwischen und topfe die Geranie wieder ein, ehe sie vertrocknet."
Da steht Kati nun mit der Leine.
Das Pony ist ein paar Schritte weitergegangen. „Trampel ja nicht in Omas Erdbeerbeet herum", sagt sie drohend. „Das kann sie nämlich gar nicht leiden, hörst du!"
Das Pony sieht Kati an, als ob es genau zuhören würde. Seine lange Mähne fällt zu beiden Seiten des Halses in schönen Wellen herab. Unter dem Stirnschopf blicken seine klugen Augen hervor. Seine kleinen Ohren spielen aufmerksam.
„Du bist ein schönes Pony", sagt Kati freundlich. „Ich bin dir auch fast gar

nicht mehr böse, daß du meinen Pflaumenkuchen gefressen hast. Nun sei brav und laß dich fangen."
Aber das Pony denkt gar nicht daran. Es läßt Kati ganz nahe kommen. Dann weicht es jedesmal im letzten Moment aus und läuft ein Stückchen weiter.
Schließlich setzt Kati sich ins Gras. „Ich bin es leid, Fangen zu spielen, du Pony", sagt sie verdrossen. „Vielleicht müssen wir dich doch durchs Gartentor scheuchen, wenn du so weitermachst."
Das Pony sieht Kati mit großen Augen an.
„Da schaust du, he?" sagt Kati. „Es ist gar nicht nett von dir, erst meinen

Pflaumenkuchen zu fressen und dich dann nicht einmal fangen zu lassen."
Das Pony schnaubt leise und senkt den Kopf.
„Ich würde mich an deiner Stelle auch schämen", sagt Kati.

Plötzlich kommt das Pony Schritt für Schritt auf Kati zu. Sie hält den Atem an. Kurz vor ihren Füßen bleibt das Pony stehen. Es schnaubt und bläst warmen Atem über Katis Zehen.
„Hast du es dir nun doch anders überlegt?" fragt Kati.
Das Pony sieht sie freundlich an.
Langsam, ganz langsam streckt Kati die Hand aus. Diesmal bleibt das Pony stehen und dreht nicht einmal den Kopf weg.
Vorsichtig greift Kati nach dem Halfter. Dann hakt sie die Leine in die unterste Öse ein. „Na, siehst du, das war doch gar nicht so schlimm", sagt sie und steht auf.
„Oma, Oma, ich habe das Pony

gefangen!" ruft sie stolz.
Oma sieht aus dem Küchenfenster.
„Das hast du gut gemacht", lobt sie.
„Was tun wir nun mit dem Pony?"
fragt Kati.
„Halt es eine Weile fest. Ich habe noch
Teig übrig und backe dir einen neuen
Pflaumenkuchen. Dann komme ich
und helfe dir."

Ein unfreiwilliges Bad

Kati sieht das Pony an. „Du bist wirklich schön", sagt sie und beginnt das Pony ganz vorsichtig zu streicheln. „Du hast aber weiches Fell. Es fühlt sich an wie Plüsch. Sicher hat dich jemand sehr lieb und bürstet dich jeden Tag."

Das Pony stößt sie mit seinen weichen Nüstern sanft an.

„Wem du wohl gehörst?" Kati seufzt. „Sicher dem glücklichsten Mädchen der Welt." Ein eigenes Pony . . . Kati kann sich kaum etwas Schöneres vorstellen.

Das Pony stößt sie noch einmal an. „Was möchtest du nur? Schade, daß du nicht reden kannst." Kati überlegt angestrengt. „Vielleicht hast du Durst!" ruft sie. „Sicher möchtest du nach all dem vielen Kuchen etwas trinken!" Kati macht sich mit dem Pony auf den Weg zum Teich. „Du mußt nur aufpassen, daß du keinen Goldfisch verschluckst", rät sie ihm.

Aber schon hat es das Maul bis über die Nüstern ins Wasser gesteckt.
Plötzlich macht es zwei große Schritte.
Kati fühlt den Ruck an der Leine.
„Nur nicht loslassen", denkt sie. Aber schon steht sie bis über die Knie im Wasser.
Dem Pony scheint das Spaß zu machen. Es hebt ein Vorderbein und planscht damit im Wasser.
„Du spritzt mich naß!" kreischt Kati.
Vor Schreck läßt sie die Leine los.
Darauf hat das Pony nur gewartet.
Schnell geht es noch ein bißchen tiefer in den Teich. Die Gänse schnattern entsetzt und fliehen ans andere Ufer.

Mit einem wohligen Schnauben läßt sich das Pony ins Wasser fallen.
Kati steht von Kopf bis Fuß durchnäßt am Ufer. „Bist du denn verrückt?" schreit sie. „Du zerquetscht bestimmt gerade einen Goldfisch. Steh sofort wieder auf, du Untier!"
Aber das Pony denkt gar nicht daran. Es suhlt sich genüßlich im Schlamm, und das Wasser spritzt nach allen Seiten.
Da sieht Kati die rote Leine. Blitzschnell packt sie zu und zieht daran, so fest sie kann.
Und tatsächlich: Das Pony steht brav auf und folgt ihr ans Ufer. Dort bleibt es stehen und schüttelt sich wie ein nasser Hund.

„Jetzt hast du mich auch noch voller Schlamm gespritzt!" ruft Kati und wischt sich ein Stück Seerose von der Stirn. „Na warte, wenn Oma das sieht, kannst du was erleben!"
Oma schlägt die Hände über dem Kopf zusammen. „Wie siehst du nur aus, Kind! Das ist ja fürchterlich! Du gehst sofort in die Badewanne. Marsch!"

„Und das Pony?"
„Das Pony natürlich nicht. Ich binde es am Gartenzaun an."
Bei jedem Schritt quatscht das Wasser in Katis Schuhen. „Ich habe Papa gleich gesagt, daß ich fünf Paar Schuhe brauche", meint sie. „Aber er wollte mir ja nicht glauben."

Gute Nacht, Pony

Als Kati aus dem Badezimmer kommt, ist sie sehr sauber und riecht fein nach Omas Badeöl. Es ist Nachmittag geworden.
„Bleibt das Pony nun für immer bei

7 4328-8

dir?" will Kati wissen.
Oma schüttelt den Kopf. „Sicher suchen seine Besitzer es schon verzweifelt", sagt sie. „Du würdest dir doch auch Sorgen machen, wenn dein Pony plötzlich verschwunden wäre, nicht wahr?"
„Und wie", antwortet Kati. „Sie können ja nicht wissen, daß es in deinem Garten ist."
„Morgen früh gehe ich ins Lädchen", sagt Oma. „Frau Schmetterling weiß immer das Neueste. Vielleicht kann sie mir sagen, wer hier in der Gegend ein Pony vermißt."
„Wo soll das Pony denn schlafen?" fragt Kati.
„Auf alle Fälle nicht in meinem

Erdbeerbeet", meint Oma. „Wir können den Geräteschuppen ausräumen und mit Stroh einstreuen."
Kurz darauf räumen die beiden alte Blumentöpfe und Säcke mit Torf nach draußen. Schließlich ist der Schuppen leer. „Nur noch etwas Stroh, und das Pony kann einziehen," sagt Oma zu

Kati. Oma holt einen halben Ballen. Bald ist er auf dem Boden verteilt. „Hol du ein bißchen Heu von den Hasen", sagt Oma zu Kati. „Ein Pony wird von Kuchen allein nicht satt." Kati holt einen großen Arm voll Heu und einen Eimer Wasser. „Zum Teich führe ich das Pony nicht mehr", sagt sie und stellt den Eimer in die Ecke. Dann holt sie das Pony. Es geht ruhig mit. Vor der Tür des Schuppens bleibt es aber mit einem Ruck stehen. Es stemmt die Hufe fest in den Boden und rollt wild mit den Augen. „Komm schon, Pony", sagt Kati und zieht an der Leine. „Wir haben uns soviel Mühe gemacht, damit du es hier schön hast."

Aber das Pony rührt sich nicht von der Stelle.
„Was soll ich nur tun, Oma? Es will nicht in den Schuppen gehen."
„Vielleicht hat es Angst, weil es im Schuppen dunkel ist. Es kann kaum sehen, wo es hingehen soll." Oma geht ins Haus und holt eine Taschenlampe. Sie stellt sie so in den Stall, daß ihr Schein auf das Heu und den Wassereimer fällt. „Nun kannst du sehen, wie gemütlich es im Schuppen ist", sagt Kati.
Da macht das Pony einen Schritt nach vorne und dann noch einen. Plötzlich bleibt es wieder stehen. Kati zieht so fest sie kann an der Leine, aber es nützt nichts.

„Laß die Leine wieder locker", sagt Oma. „Ich glaube, man soll nur zupfen und nicht immerzu ziehen. Sonst wird das Pony störrisch."
Oma hat recht. Kati tut, was ihr geraten wurde, und das Pony kommt mit. Endlich steht es im Schuppen. Oma schließt die Tür, und Kati nimmt ihm die Leine ab. „Bis später, Pony", sagt Kati und streichelt es. „Bevor ich ins Bett gehe, komme ich und sage dir gute Nacht."
Nach dem Abendessen zieht Kati sich eine Jacke an und holt die Taschenlampe. „Darf ich ihm eine Möhre mitbringen?" fragt sie.
Oma lacht und gibt Kati eine schöne große Möhre.

Vorsichtig schiebt Kati den Riegel an der Tür des Schuppens zurück. Der Strahl ihrer Taschenlampe huscht über das Stroh. Das Pony blinzelt ins Licht und kommt auf Kati zu.
„Gute Nacht, Pony", sagt Kati und gibt ihm die Möhre. „Wie du wohl heißt?" überlegt sie. „Bestimmt hast du einen schönen Ponynamen. Soll ich dir ein Gutenachtlied singen, damit du dich nicht im Dunkeln fürchtest?"
Das Pony sieht Kati mit seinen großen Augen an. Kati beginnt zu singen. „Guten Abend, gute Nacht", singt sie für das Pony. Als sie geendet hat, streichelt sie es noch einmal. Dann schließt sie leise die Tür.

Überraschung am Morgen

Kati wacht schon vor ihrer Oma auf. Das geschieht höchst selten, aber heute ist Kati aufgeregt. Sie schlüpft schnell in ihre Kleider, denn sie will dem Pony guten Morgen sagen.

BENJAMIN®

Angela Wilkes/Claudia Zeff
Stephen Cartwright
Mein erstes Zahlenbuch
Zahlen erkennen und Zählen lernen. Ein Sachbilderbuch. Ab 4 Jahre. Großformat.
DM 19,80/ÖS 149,-
Best.-Nr.: 8804

Die beliebten Bilderbücher - farbig illustriert. Zum Vorlesen und Selberlesen.

Anne Civardi/Stephen Cartwright
Die Welt der Berufe
Ein Bilder-Wörterbuch. Ab 6 Jahre. Großformat. DM 19,80/ÖS 149,-
Best.-Nr.: 9286

Heather Amery
Meine ersten tausend Wörter
Ein Bilder-Wörterbuch für die ersten Leseschritte. Ab 4 Jahre. Großformat.
DM 19,80/ÖS 149,- Best.-Nr.: 8010

Heather Amery
Inspektor Hauptwort
Ein spannendes Sprachbuch, reich illustriert. Großformat.
DM 19,80/ÖS 149,-
Best.-Nr.: 8529

Anne Civardi
Die Wörter-Reise
2888 Begriffe in Wort und Bild. Großformat.
DM 19,80/ÖS 149,- Best.-Nr.: 9134

Claudia Zeff
Mein großes Tierbuch
Tiere erkennen und unterscheiden lernen. Ein Bilder-Wörterbuch. Großformat.
DM 19,80/ÖS 149,- Best.-Nr.: 8214

Marit Claridge/John Shackell
Mein erstes Naturbuch
Viele Experimente für junge Forscher und Entdecker. Ab 7 Jahre. Großformat.
DM 19,80/ÖS 149,- Best.-Nr.: 9502

Brenda Cook
Mein erstes Buch vom Bauernhof
Ein Sachbilderbuch über die Tiere und Geschehnisse auf einem Bauernhof.
DM 19,80/ÖS 149,-
Best.-Nr.: 4134

BENJAMIN®

Ursel Scheffler
Das ABC-Monster ▲ ● ■
Vom Umgang mit den Buchstaben. Ein Monsterspaß von A bis Z.
So werden Kinder spielerisch mit dem ABC vertraut. Diesen Titel gibt es in vereinfachter Schreibschrift, Schreibschrift und Großdruck.
Je DM 8,95/ÖS 69,-
Best.-Nr.: 9506/9505/9504

▲ = Vereinfachte Schreibschrift
● = Schreibschrift
■ = Großdruck

Dimiter Inkiow
Die Karottennase ●
Drei lustige Wintergeschichten zum Aufwärmen. Genau das Richtige für lange Winterabende.
DM 8,95/ÖS 69,- Best.-Nr.: 9155

Dimiter Inkiow
Der singende Kater ●
Fünf neue Katz-und-Maus-Geschichten für alle Kinder, die Katzen und Mäuse mögen.
DM 8,95/ÖS 69,- Best.-Nr.: 4074

Aleš Vrtal
Die Geschichte vom unzufriedenen Hasen ●
Der Hase hat einen großen Wunsch, nämlich eine Wurst zu essen.
Doch als sein Wunsch in Erfüllung geht, ist er enttäuscht...
DM 7,95 /ÖS 65,- Best.-Nr.: 4153

Alfons Schweiggert
Simsalabimbam ■
Lauter lustige Zauberergeschichten. Neun Zauberern macht es einfach riesigen Spaß, ihre Zauberkünste zu zeigen.
DM 8,95/ÖS 69,-
Best.-Nr.: 4145

BENJAMIN®

▲ = Vereinfachte Schreibschrift
● = Schreibschrift
■ = Großdruck

Rudolf Herfurtner
Käpt'n Erwin segelt zur Schokoladeninsel ■
Erwin möchte neue Freunde finden. Eine tolle Idee hilft ihm dabei.
DM 8,95/ÖS 69,- Best.-Nr.: 8825

Sabine Jörg
Zwei Schweinchen sehen fern ●
Diese lustige Geschichte fordert Kinder dazu auf, über dem Fernsehen Freunde und Spiele nicht zu vergessen.
DM 7,95/ÖS 65,- Best.-Nr.: 9586

Ursel Scheffler
Die Weihnachtsgrippe ■
Eine lustige Weihnachtsgeschichte. Mit Weihnachtsanhängern zum Ausschneiden.
DM 7,95/ÖS 65,- Best.-Nr.: 4152

Karlhans Frank
Sonntags kommt die Zauberkatze ■
Eine verrückte, lustige Sonntagmorgengeschichte.
DM 8,95/ÖS 69,- Best.-Nr.: 9230

Dimiter Inkiow
Der versteckte Sonnenstrahl ●
Die bezaubernde Fabel von einem Sonnenstrahl, der Schiedsrichter bei einer Wette sein soll.
DM 8,95/ÖS 69,- Best.-Nr.: 8034

Matthias Riehl
Zirkus Mirabelli ■
Eine Zirkusgeschichte zum Lachen und Nachdenken.
DM 7,95/ÖS 65,- Best.-Nr.: 8157

Ursel Scheffler
Sascha, der kleine Elefant ●
Die spannenden Abenteuer des kleinen Elefanten Sascha, der auszog, um ein berühmter Elefant zu werden.
DM 7,95/ÖS 65,- Best.-Nr.: 7889

Max Kruse
Flori geht zur Schule ▲ ●
Weil Flori stets andere Dinge im Kopf hat, kommt er immer zu spät zur Schule. Dieses Buch gibt es in vereinfachter Schreibschrift und in Schreibschrift.
DM 8,95/ÖS 69,- Best.-Nr.: 8255
Best.-Nr.: 4225

BENJAMIN®

▲ = Vereinfachte Schreibschrift
● = Schreibschrift
■ = Großdruck

Anne Weber
Ich zähl die Schäfchen eins, zwei, drei ●
Mit viel Phantasie kann ein langweiliger Sonntagmorgen so richtig aufregend werden.
DM 8,95/ÖS 69,- Best.-Nr.: 8960

Aleš Vrtal
Willst du mein Freund sein fragt die Maus ●
Die Geschichte von der Maus, die einen starken Freund sucht.
DM 8,95/ÖS 69,- Best.-Nr.: 4103

Anna Thaler
Hurra, ich gehe in die 1. Klasse ■
Einfache Geschichten, die Kinder auf die Schulzeit vorbereiten.
DM 8,95/ÖS 69,- Best.-Nr.: 9601

Max Kruse
Du bist schon 6 ■
Wundersame Geschichten und Märchen rund ums sechste Lebensjahr.
DM 9,80/ÖS 79,-
Best.-Nr.: 9130
Diese Titel gibt es ebenfalls:
• Du bist schon 5 • Du bist schon 7 • Du bist schon 8

René Rilz
Mein erstes Witzbuch ■
Ein fröhliches Buch für alle Kichererbsen.
Mit vielen Witzen, auch zum Weitererzählen.
DM 7,95/ÖS 65,-
Best.-Nr.: 4104

BENJAMIN®

▲ = Vereinfachte Schreibschrift
● = Schreibschrift
■ = Großdruck

Chris Oberhuemer
Lieber kleiner Hamster ●
Für Stefan und Clemens geht ein Wunsch in Erfüllung.
DM 7,95/ÖS 65,- Best.-Nr.: 7763

Maren Müller
Lieber kleiner Igel ●
Eine Geschichte, bei der Kinder lernen, was Verantwortung bedeutet.
DM 7,95/ÖS 65,- Best.-Nr.: 8262

Bernd Küsters
Briefträger Brausewetter ●
Dem Briefträger Brausewetter tun die Füße weh. Da hat er eine tolle Idee...
DM 8,95/ÖS 69,- Best.-Nr.: 9889

Der liebenswerte **Detektiv Hans Hase** und seine Freunde setzen sich für die Umwelt ein und lösen in jedem Band auf pfiffige Weise einen Fall. Diese Reihe umfaßt 6 Bände, jeweils in Großdruck.

Pierre Coran
Detektiv Hans Hase ■
Der Karottenbetrug (Bd. 1)
Kunstdünger in Karotten – wieder ein Fall für Hans Hase.
DM 7,95/ÖS 65,- Best.-Nr.: 4113

Pierre Coran
Detektiv Hans Hase
Fluß in Gefahr (Bd. 2) ■
Der Fluß ist total verdreckt. Detektiv Hans Hase und seine Freunde wollen etwas dagegen unternehmen.
DM 7,95/ÖS 65,- Best.-Nr.: 4114

Ingrid Uebe
Ich wünsch mir einen Vogel ●
Von der Freundschaft zwischen Tieren und Kindern.
DM 8,95/ÖS 69,- Best.-Nr.: 9202

Pierre Coran
Detektiv Hans Hase
Die Pfeiffendiebe (Bd. 3) ■
Der Hund des Försters leidet unter dem Pfeiffenrauch seines Herrn. Auch hier weiß Detektiv Hans Hase Rat. DM 7,95/ÖS 65,-
Best.-Nr.: 4115

BENJAMIN®

▲ = Vereinfachte Schreibschrift
● = Schreibschrift
■ = Großdruck

Dimiter Inkiow
Maus und Katz ●
Vier freche Geschichten von der Katze Elvira und der Maus Micki.
DM 7,95 /ÖS 69,- Best.-Nr.: 8417

Jo Pestum
Nachts bin ich ein Astronaut, aber das weiß keiner ■
Wie Georg sich nachts in einen Astronauten verwandelt, wird hier verraten.
DM 9,80 /ÖS 79,- Best.-Nr.: 9891

Jo Pestum
Nachts bin ich eine Hexe, aber das weiß keiner ■
Elisabeth verrät, wie sie sich nachts in eine kleine Hexe verwandelt.
DM 9,80/ÖS 79,- Best.-Nr.: 9890

Max Kruse/Erich Hölle
Urmel in der See (Bd. 3) ● ■
(Ohne Abbildung)
DM 9,80/ÖS 79,-
Best.-Nr.: 4230 Best.-Nr.: 9789

Max Kruse/Erich Hölle
Urmels toller Streich (Bd. 4) ● ■
Weil Wissenschaftler versuchen, die Insel Titiwu zu erforschen, läßt sich Urmel etwas Tolles einfallen, um sie wieder zu vertreiben.
DM 9,80/ÖS 79,-
Best.-Nr.: 4231
Best.-Nr.: 9818

Urmel, das freche kleine Urtier mit der Nilpferdschnauze.
6 Bände sind bereits in dieser Serie erschienen. Die Reihe wird fortgesetzt. Die Titel gibt es in Großdruck und bis Band 4 in Schreibschrift.

Max Kruse/Erich Hölle
Urmel kommt zur Welt (Bd.1) ● ■
Hier beginnen die lustigen und spannenden Abenteuer des kleinen Urmel.
DM 9,80/ÖS 79,- Best.-Nr.: 9605
Best.-Nr.: 4031

Max Kruse/Erich Hölle
Urmel auf dem Mond (Bd. 2) ● ■
Professor Tibatong und seine Tiere fliegen zum Mond.
DM 9,80/ÖS 79,-
Best.-Nr.: 4032
Best.-Nr.: 9606

Max Kruse/Erich Hölle
Urmels neuer Freund (Bd. 5) ■
Bei einem Ausflug zum Nordpol schließt Urmel Freundschaft mit einem kleinen Seehund.
DM 9,80/ÖS 79,- Best.-Nr.: 4023

BENJAMIN®

▲ = Vereinfachte Schreibschrift
● = Schreibschrift
■ = Großdruck

Eva-Maria Brehm/Wolfgang Kerler
Die Ratzlkinder ▲
Die Ratzlkinder leben gemütlich auf einer Müllhalde. Eines Tages gehen sie auf große Entdeckungsreise. Es wird ein echtes Müllabenteuer.
DM 9,80/ÖS 79,- Best.-Nr.: 9585

Die lustigen Streiche von Klara und ihrem kleinen Bruder.
14 Bände gibt es bereits von dieser Serie. 6 Titel davon sind auch in Schreibschrift erhältlich. Die Serie wird fortgesetzt.

Dimiter Inkiow
Meine Schwester Klara und die Pfütze (Bd. 3) ● ■
Welche folgenreiche Rolle eine Pfütze spielen kann, erfahrt ihr in dieser lustigen Geschichte von Klara und ihrem kleinen Bruder.
DM 9,80/ÖS 79,- Best.-Nr.: 8278

Dimiter Inkiow
Meine Schwester Klara und die Geister (Bd. 1) ● ■
Klara und ihr Bruder verkleiden sich als Gespenster...
DM 8,95/ÖS 69,- Best.-Nr.: 4107

Dimiter Inkiow
Meine Schwester Klara und der Haifisch (Bd. 4) ● ■
Klara und ihr Bruder auf Haifischjagd... Eine Geschichte, die euch bestimmt zum Lachen bringt.
DM 8,95/ÖS 69,- Best.-Nr.: 4110

Dimiter Inkiow
Meine Schwester Klara und ihr Schutzengel (Bd. 5) ● ■
Die Sache mit Klaras Schutzengel bereitet Klaras Bruder Kopfzerbrechen.
DM 9,80/ÖS 79,- Best.-Nr.: 8735

Dimiter Inkiow
Meine Schwester Klara und der Piratenschatz (Bd. 14) ● ■
Mit einer Schatzkarte gehen die beiden Geschwister auf abenteuerliche Schatzsuche.
DM 9,80/ÖS 79,- Best.-Nr.:4029

Als Kati vor dem Schuppen angekommen ist, bleibt sie vor Schreck stehen. Die Tür ist offen. Das Stroh ist ganz zerwühlt. Der Wassereimer ist umgeworfen und das Heu aufgefressen.
Von dem Pony ist nichts zu sehen.
„Pony, wo bist du?" ruft Kati und sieht sich um.
Das Gartentor ist geschlossen. „Es kann nicht weit weg sein", murmelt Kati und macht sich auf die Suche. Sie läuft zum Teich. Dort trifft sie aber nur die Gänse. Sie schnattern lustig, weil sie denken, daß Kati ihnen ihr Futter bringt. „Habt ihr das Pony gesehen?" fragt Kati. Aber die Gänse schnattern nur wie immer.

8 4328-8

Bei den Gemüsebeeten ist das Pony auch nicht. Kati sucht bei den Hühnern und bei den Gänsen. Aber sie kann das Pony nirgends finden.
„Nun kann es nur noch hinter dem Haus sein", sagt Kati zu Fips, der ihr beim Suchen hilft.
Und tatsächlich: Das Pony steht seelenruhig auf der Veranda und kaut an Omas weißem Tischtuch.
„Du hast aber auch nichts als Unsinn im Kopf!" ruft Kati. Schnell hakt sie die Leine ein und bringt das Pony zurück in den Schuppen. „Hier mußt du jetzt bleiben, bis du abgeholt wirst", sagt Kati streng.
Sie schiebt den Riegel vor und stellt noch einen Stuhl vor die Tür.

Gleich nach dem Frühstück geht Oma ins Lädchen. Dort fragt sie, wem das Pony wohl gehören könnte. Kati sieht ihr gespannt entgegen, als sie zurückkommt. „Frau Schmetterling weiß es auch nicht", sagt Oma.
„Vielleicht kann das Pony doch bei dir bleiben", sagt Kati.
„Ich glaube nicht", meint Oma. „Sicher sucht es schon jemand."
Und Oma hat recht. Kati füttert gerade die Hasen, da sieht sie ein Mädchen, das mit einem Strick und einem Eimer die Straße entlangläuft.
„Hallo!" ruft Kati. „Suchst du vielleicht dein Pony?"
„Ja, woher weißt du das denn?" fragt das Mädchen erstaunt. Es hat lockige

braune Haare und sieht nett aus.
„Wir haben ein Pony im Schuppen. Ist das deines?"
„Mein Kathrinchen!" ruft das Mädchen. Das Pony wiehert hell aus dem Inneren des Schuppens. Es ist ein freudiges Wiedersehen.
„Ich hatte solche Angst, daß ihr etwas passiert ist", sagt das Mädchen.
„Vielen Dank, daß du so gut auf Kathrinchen aufgepaßt hast. Ich heiße übrigens Paula."
Kati erzählt dem Mädchen von all den Dingen, die das Pony angestellt hat. Paula lacht. Sie führt das Pony aus dem Schuppen und schwingt sich auf seinen Rücken. „Komm uns doch mal besuchen! Wir wohnen auf dem

Meierhof, gar nicht weit von hier."
„Ich komme gerne", sagt Kati. „Das Kathrinchen wird mir bestimmt fehlen. Meinst du, ich kann auch reiten lernen?"
„Klar!" ruft Paula und winkt. „Wenn du kommst, kannst du auf Kathrinchen reiten. Sie ist ganz brav."
Kati steht am Gartentor und winkt Kathrinchen und Paula nach. Die beiden biegen um die Ecke, und das Trappeln der kleinen Hufe verklingt langsam.